INTELLIGENCES MULTIPLES:
RÉVÉLER LES TALENTS DE SON ENFANT

培養多元智能

用8種智能探索孩子的特質，
讓他發揮天賦

艾班妮・德・波荷佩 著
Albane de Beaurepaire

紀蘭姆 繪
Jilème

張喬玟 譯

INTELLIGENCES MULTIPLES:
RÉVÉLER LES TALENTS DE SON ENFANT

培養多元智能

用8種智能探索孩子的特質，
讓他發揮天賦

目錄

序言

以另一種眼光看待自己的孩子！

你可能幻想過孩子的能力像自己，或是如另一半的翻版，或者夢想著孩子會對帆船滿腔熱情，會成為太空人，會吹薩克斯風或說俄文！

如果你認定孩子的數學將來會跟媽媽一樣好，或者因為家族裡沒有人音感強，就認定他的語言能力會很糟，或是覺得他的手作能力肯定不行，因為你一向不擅長這些事⋯⋯

那就請你戴上「多元智能」的眼鏡，用另一種角度來觀察孩子吧。

1

單一或多元智能？

聰明的人是什麼樣子？是文化素養極高的人嗎？職業生涯萬
分精彩的「功成名就」人士？

腦筋動得飛快？學者？超高學歷的人？博覽群書，整天把時
間耗在百科全書上的人？適應力超群？

這份清單還可以繼續寫下去，沒有完結的一天！

什麼叫做聰明？

如果問孩子「你班上有哪些人很聰明？」，他八成會說班上成績最好的那幾個孩子。

什麼是聰明的孩子？

在很多孩子甚至大人的心目中，聰明的孩子就是好學生。好學生在校表現良好，成績優異，參與課堂活動，喜歡上學，他寫功課的時候，父母可以儘管放鬆。而且他們簡直無法想像，為什麼有些孩子會有學習困難。

該如何看待有學習困難的孩子？

對有學習困難的學生，哪怕只有幾個科目，我們很少會說他不聰明。可是，我們還滿常聽見「他不太適合上學」、「他書唸得挺辛苦的」，言下之意，就是這樣的孩子不如大多數同齡的學生來得聰明。

怎麼看待孩子的課外學習？

或許你的孩子比同年齡的孩子更會畫圖，做的勞作加倍精細，更會編故事和說故事，唱歌時的音更準，或是對彈奏樂器有滿腔熱忱，在團體運動展現出天生的領袖氣質……他也可能是個值得信賴的人，會照顧缺席的同學，幫他們送作業回家，又或者在玩策略遊戲的時候所向無敵，也能評估什麼是他獨力能做到的事，而且經判斷有必要時，會求助他人……

孩子表現出的這些能力，你會賦予什麼價值呢？

每個孩子學會走路、說話、獨力進食或穿衣服的年齡都不一樣，
同理，我們無法要求每個人在同樣的年齡，
用同樣的方法學會做同樣的事。
大腦要花二十五年的時間才會成熟，
而且每個大腦還有自己的發育節奏。
如果跟他的兄姊在同年齡的時候相比，你的孩子認字更辛苦，
或者還掌握不了除法的概念，並不表示他永遠也讀不好，數學不拿手。
或許只需要多給他一點時間，讓他從另一扇門進入這些領域。

 活 動 **我家孩子的能力**

觀察孩子，瞭解他的喜好、興趣及難處。

	學校	家裡	外面
他最喜歡的活動			
他非常拿手的事			
他喜歡做的事			
他做起來很辛苦的事			
對他來說很難的事			
他不願意做的事			

智能可以測量嗎？

如果你覺得孩子因為學得太容易，在學校很無聊，或者相反的，他遇到困難，學得很辛苦，一定會有人建議你帶孩子去「做個檢查」。

智力測驗

二十世紀初，法國心理學家暨教育學家阿爾弗雷德 · 比奈（Alfred Binet）編制了最早的智力測驗。他堅信智能是可以測量的，「我的測驗可以測量出一個人的智能。」他如此解釋。

這些自稱客觀的測驗，把智能轉換成數字，設計的出發點是要借用測驗，確定哪些小學生將來的學業可能會失敗。

智力測驗究竟在測量什麼？

繼比奈之後，研究人員繼續改良智力測驗。直到今天，智力測驗分成二至六歲兒童適用的**魏氏幼兒智力量表**（WPPSI），以及小學生至十七歲少年適用的**魏氏兒童智力量表**（WISC）。

這些測驗，都是由美國心理學家大衛 · 魏克斯勒（David Wechsler）在二十世紀中葉所制定，內容持續受到調整。智力測驗測量的是語文智力，特別著重詞彙，以及比較、推理與邏輯能力。

這些測驗的限制

儘管這些測驗結果，可以讓人對孩子的就學生涯有個概念，卻無法歸納出一個整體看法，告訴我們孩子的未來會如何。

建議：無論如何，
最重要的是，
避免把孩子和一組數字畫上等號。
要用寬廣的角度看孩子，
重視他喜歡做的還有拿手的事情，
鼓勵他在校內或校外
所進行的每件事。

有些智力測驗結果很優秀的人，在職場、情場或家庭生活中，也會失意潦倒；反之，許多因為低智商而被診斷為「智力有限」的人，在職場過得風光得意，還擁有美滿的人生，令人豔羨。

智力測驗仍然廣泛受到應用，通常是為了說明跳級的理由，或是考慮將來從事某種特定職業。

我們一定要記得，每個孩子有自己的學習節奏，因此他完全有可能在不合乎他年齡的班上，感覺更加如魚得水。

多元智能理論

霍華德·嘉納（Howard Gardner）生於一九四三年，是美國認知心理學家，也是哈佛大學的教授。他特別研究過腦部受到創傷的病患，得到一個結論：創傷部位與智能的損失或減退有關。

應荷蘭某基金會的要求，嘉納開始專心研究人類潛能，因而重新定義人類的智能：**我們不只有單一智能，而是有八種，我們全部都有，而且終其一生都可以發展它們。**

值得注意的是，嘉納研究了上百個來自不同文化背景、各種社會階層的人，還有在某些領域裡出類拔萃，可是在其他領域裡表現泛泛的人。

嘉納大幅重新定義了智能的概念，賦予它三項要素：

要素一：讓人解決日常生活問題的整體能力。

要素二：為自屬文化創造真實產品，或提供有價值之服務的能力。

要素三：提出問題，並且加以解決的能力，這種能力可以讓人獲取新知。

由此可知，智能並非一次就固定下來。智能會發展，而且非常難以測量。

改變你的眼光

重新看待智能，能讓身為家長的你，看待自己和孩子潛能的眼光也不一樣。

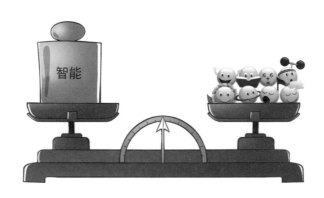

無論在家裡還是學校都學習困難的孩子，終其一生都能繼續發展他的智能，條件是要有人陪伴他，而不是任憑他被困住。同理，學習能力似乎良好的孩子，也應該要有人好好相伴，讓他得以發展所有的潛能。

哪些是最重要的智能？

嘉納認為智能之間不分等級，全都一樣重要。即使每個人會有自己的強項或偏好，均衡開發全體智能才是關鍵。

活動 　根據嘉納的理論來看你的智能

• 要素一：什麼能力幫助我解決日常生活的問題？
範例：計算、運用科技、團體合作、修理物品……

....

....

....

• 要素二：什麼能力讓我創造有價值的事物？
範例：製作物品、照顧別人、管理團隊……

....

....

....

• 要素三：在哪些領域裡，我習慣或者想要提出問題，並尋找答案，以便獲取新知？

....

....

....

八種智能

嘉納先是定義了七種智能，在一九九六年再加上第八種：自然探索智能。他制定了一些標準，依此將我們稱為優點、技能、本領或才華的東西，認定為「智能」。

在用來定義每種智能的標準中，我們可以列舉以下三點：（一）每一種智能連接大腦裡的某個確切區域；（二）有人把該智能發展到頂尖水準；（三）每種智能有自己一套符號系統（un système symbolique）。

注意

一般而言，
我們的學校制度和社會
主要強調兩種智能：
語文智能，以及邏輯／數學智能。
如果你的孩子這兩種智能之一發展不足，
他在學業上可能會碰上困難，
因為學校制度
主要根據這兩種智能來教學和評量。

以下是每種智能的定義：

智　能	能　力
音樂／節奏智能	對聲音、節奏，和音樂的結構、旋律、音量很敏感。
肢體／動覺智能	能靈活使用身體，手很靈巧，觸覺很敏銳。
語文智能	能將思考化為語言，懂得表達，對語言和用字遣詞很有概念。
視覺／空間智能	創造心像，對空間有很好的概念，對色彩及視覺上的協調很敏銳。
邏輯／數學智能	能以邏輯方式思考，對數字和算術很拿手。
人際關係智能	容易和人交往，理解對方，明白對方的感受、情緒和期待，能在團體中找到自己的位置，懂得團體合作，懂得借助其他人的優點和技能。
內省智能	認識自己，能夠從經驗中學習，無論是成功還是失敗的經驗，為自己訂立可實現的目標，從錯誤中學習。
自然探索智能	關心大自然，認識大自然，瞭解大自然，探索大自然；善於觀察、分類、安排事物。

畫下多元智能

依照前述的定義，以圖像來描繪每種智能。

音樂／節奏智能	語文智能

肢體／動覺智能	視覺／空間智能

邏輯／數學智能	自然探索智能

內省智能	人際關係智能

2

多元智能的附加價值

一九八三年，嘉納於美國出版了《心智解構：發現你的天才》（*Frames of Mind*）一書之後，多元智能理論便廣受教育界熱切歡迎。

這本書在一九九六年有了法文譯本，正式將多元智能理論引介到法國。「效果更佳的學習法」創始人布魯諾・伍斯特（Bruno Hourst），在一九九七年出版的著作《學習樂趣》（*Au bon plaisir d'apprendre*），提到多元智能理論，並致力於將它介紹給教育界、企業界。近十多年來，越來越多的老師、家長和教育工作者，希望多元智能理論能成為各種教育措施的核心。

優等生

中等生

問題學生

發展他的天賦

在我們的學校制度中，孩子必須要學業成功，這是家長及老師主要的關切重點。可是要怎麼做呢？

學業成功

在我們的教育體系裡，學生必須遵循明確的規則，用別人規定的方式學習，他們應該在什麼時機點學會什麼知識，學習進度都已經規劃好了。

某些學生有時候需要加倍用功才做得到，只因為他們的做法不同，規定的時機也不適當。

每個孩子不會在同一個年齡學會走路或說話，同理，每個孩子也無法踩著相同的步調，在同一個時間，以同樣的方式吸收學識。某些孩子需要花上很多精力，可是其他學生卻輕而易舉。因此，要求孩子用不自然的方法去獲得知識和技能，**就跟普洛克路斯提斯的神話一樣**，非要把孩子塞進學校強加的框架中不可。

你孩子的天賦是什麼？

對於在這種教育體制中成長的孩子來說，風險在於他的天賦會受到忽視，因為成績要好，並不需要他的才能。

普洛克路斯提斯的神話

普洛克路斯提斯（Procrustes）是希臘神話中的一個強盜，他為旅人提供膳宿，目的就是要折磨他們。他把旅人綁在一張鐵床上，而那張床必須剛剛好容納旅人：旅人如果長得太高，普洛克路斯提斯就砍掉超出的部分；他們如果太矮，普洛克路斯提斯就拉長他們，直到夠長為止。因此普洛克路斯提斯成為「標準化」的象徵。

蘿拉從小就是活潑而且很有毅力的孩子。

她可以一直畫圖也不嫌累，唱歌不走調，無論和大人、小孩都能自在相處。

只是，她在學校有時候會心不在焉，動作慢吞吞的，學業成績也低於我的期待。

我鼓勵她去做她最喜歡的事情：她不僅學樂器，也上繪畫課和舞蹈課……

發現多元智能理論的時候，我才明白我的直覺是對的。

我讓她盡情發展她的天賦，而不是中斷所有才藝課，讓她勤加複習功課。

她繼續上學，也繼續從事她最有興趣的事。

雖然她覺得學校很無聊，可是她能夠發揮的這些天賦，

都成為她未來決定志向時的王牌。

比方說，你的孩子或許有優異的音樂天賦，可是他的課業遇到困難，你會怎麼做？繼續讓他上音樂課？還是放棄它，這樣孩子才有更多時間寫作業？

如果你很早就意識到，孩子身上有某種或是多種智能特別突出，給他機會運用這些智能，並且深入開發，不要因為他在學校不需要這些天賦，就把它們置之高閣。孩子可以依靠這些天賦來發展其他智能。

幾個讓孩子發展天賦的建議

● 趁著孩子年紀還很小的時候，就盡可能提供他多樣化的活動：
音樂、體育、藝術、遊戲、閱讀、接觸大自然……

● 啟發他不同領域的知識，例如帶他去美術館，
參觀一些景點、公園、農場、城堡……

● 鼓勵他在自己喜愛、並且選擇發展的領域裡堅持到底，
即便他在某些時期感覺難以為繼，這是很普遍的正常現象。

● 給他超越自己的機會……

● 對他熱愛的事情感興趣：
去聽他述說，讀他的書，陪他去做訓練和比賽，參加他的發表會……

成為發展均衡的大人

伍斯特在他的書《多元智能學校》（*A l'école des intelligences multiples*）中，將多元智能比喻成由八朵花組成的花束，而且新生兒一出生就會收到這束花。身為父母，為了讓孩子的多元智能成長，你的幫助和鼓勵比什麼都重要。

你怎麼做呢？

我們有時候會自我設限，推說「我們不適合」，避免在某些領域裡面冒險，結果讓自己故步自封。

然而，按照伍斯特的看法，我們終其一生，都可以發展我們的八種智能，直到達到一個充分勝任的水準。這個「多元智能看法」的目標之一，就是讓我們每個人去辨認一種或多種因故處於休耕期的智能，進而決定要不要開發它們。

戴上你的「多元智能眼鏡」，你可以在伴隨孩子成長的過程中，辨識出他身上最不容易發展的智能，然後就可以推薦他一些合適又有激勵作用的活動，幫助他、鼓勵他發展這些智能。

他可以一邊長大，一邊培育出一束均衡的智能花朵，以便日後成為一個發展均衡的大人。

「好學生」呢？

如果你的孩子在學校功課很好，你跟老師絕對不會擔心他的智能有問題。然而我們已經知道，學校制度主要著重在兩種智能上。如果孩子「有書卷氣」，而你用「多元智能眼鏡」觀察他，就可以發現，是不是還有某些智能值得進一步激發，讓孩子的個性更加均衡。

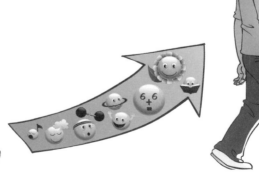

茱莉從小毅力過人，還有驚人的學習欲望，因此她在校成績一飛衝天。

她也希望學小提琴，表現同樣出色。

看她那麼容易領悟，學得那麼輕鬆，我們總是很驚奇。

發現多元智能後，我看茱莉的眼光變了：

我理解到她某些智能開發得很早，而且發展得頗為卓越，

所以她的課業以及小提琴的表現，才會這麼出類拔萃。

不過我也注意到，她體內可能還有其他智能停滯不前，

如果我們不幫助她訓練這些智能，它們會繼續受阻。

因此我們花了一些時間，思考哪些智能她似乎棄置不用，

這樣她也可以開發它們。

什麼樣的話語會絆住我？
可能阻礙孩子發展的，又是什麼樣的話語？

活動

有哪些話正是你的寫照呢？請在表格加入你自己的版本。

絆住我的話	可能會阻礙孩子發展的話
我的手很笨	她比較有科學頭腦
我對數學過敏	我們全家都沒有運動細胞
我唱歌像在殺雞	我們家族一直以來都沒有語言天分
我一直都很討厭……	他就跟我一樣，他……
我比較是動腦型的	她會跟她哥哥一樣學打鼓還有打手球
我不會畫圖	他只喜歡運動，所以……
我嘛，運動……	

借助孩子的強勢智能，
克服學業困難

如果孩子的課業碰到困難，依照傳統的教學方法，是在他應付得很吃力的學科裡，給他更多功課和習題，要他勤加複習，試圖彌補他的不足。可是這些多出來的工作，他根本消受不了，而且通常不太有效，因為採用同樣的學習管道，就總是在動用同樣的那些智能。

認識孩子的智能花束的好處，就是讓你走對門，幫助孩子吸收對他來說似乎是外國話的東西。

借助孩子的強勢智能，就是用他懂得的語言跟他說話。

雖然這麼做會需要你努力發揮創意，卻能讓孩子產生學習的樂趣和動機。

許多孩子，在別人老是用同一種方法解釋他們不懂的事時，會感覺無聊、洩氣。

幾個範例

- 借助他的音樂／節奏智能，把課程內容編成音樂。
- 借助他的人際關係智能，把剛剛讀過的內容講給別人聽。
- 借助他的肢體／動覺智能，把該學習的知識表演出來。
- 借助他的視覺／空間智能，把理解的內容畫出來。

注意

在學校遇到困難的孩子，
他們的語文智能
或者邏輯／數學智能，
通常都發展不足。

布布的學業成績很差，因此對學校充滿敵意。

他常常拒寫作業，在課堂上也很不合作。

如果要升學，他的成績實在太令人憂心了。

後來學校決定在課堂上應用多元智能理論，

每位學生在老師的協助下，都企圖知道他們的智能花束是什麼。

布布受到體育老師及歷史老師的幫助，發現自己有非常強勢的視覺／空間智能，

可是語文智能發展得不夠，所以學習才會出現障礙。

其中一位老師建議他借助自己的視覺／空間智能，

而且在家裡複習功課的時候，可以做心智圖（Mind Mapping）。

布布試了這個方法，把該學習的內容轉變成心智圖，

而不是一邊讀書，一邊期待內容能「進入他的腦子裡」。

接下來的一個禮拜，這個新的學習方法開花結果，布布拿到了好成績。

他因此又重拾自信心，也燃起了學習的欲望。

找出能讓孩子充電的場合

想知道孩子的哪種智能居於主導地位，就去觀察他在閒暇時喜歡做什麼。
沒錯，我們偏好的活動，自然會動用到我們的強勢智能。

孩子需要充電的時候，你可以提議他做一些會運用到他強勢智能的活動。這些自由時光不只可以讓孩子休息，還能讓他借助自己的強勢智能，去開發出許多技能來。

每個孩子的需求都不一樣，欲望也不相同。某些孩子需要大量的體能活動，另外有些則比較喜歡徜徉書海，或是在大自然裡散步，還有些孩子喜歡跟朋友一起玩，組合積木，也有一些孩子喜歡獨處，聽音樂……這些態度全都動用到強勢智能。重要的是，你要能幫助孩子注意到這一點。

建議

盡可能經常給孩子完全屬於他的時間，
沒有作業，沒有活動，沒有螢幕，他可以自由支配的時間。
活動與娛樂何其多，父母有時候會忍不住
把孩子的日程安排得太滿，
可是，這樣就沒有留給孩子機會，
讓他知道自己真正喜歡做什麼事情。
當孩子在發呆，或是「無所事事」時，請安心，
那代表他有創造力，而且正在發展他的想像力。
每個孩子都一定要有這些充電時間，
這樣他才能向你展現他的才華，
以及對他有意義的事。

小傑還在唸幼稚園的時候，一到戶外呼吸新鮮空氣就快樂無比，
並盡情享受在鄉間度假的每一天。
所以假期結束的時候，他簡直傷心欲絕，
甚至兩次開學都出現無法解釋的過敏現象。
他對上學似乎沒什麼興趣，只是溫順的做著別人交代的事。
我很確定等他上小學之後，一定會碰到學業困難，
寫作業會變得像打仗一樣，可是我又想不到解決辦法。
就在這個時候，他對釣魚產生濃厚興趣，
很幸運的是，我們家隔壁就有一家釣魚俱樂部。
我們幫他報了名，幾年下來，他每週三下午都會去報到。
同時，他的學業一帆風順，而且是個認真盡責的孩子，成績也優於我的期待。
我在聽說多元智能理論的時候，才總算搞清楚我一直解釋不了的事情：
小傑高度發展的自然探索智能，並不是發展其他智能的阻礙，
反而是跳板！能常常從他熱愛的活動中充電，他的強勢智能可以繼續獲益，
同時帶動其他智能的開發。

提高孩子的自尊心

什麼是自尊心？自尊心是我們對自己的看法，還有我們認為別人對我們的看法。也是打從心底確信自己的價值，意識到自己獨一無二，是一個有能力、也有限度的人。

自尊心與學業成功

自尊心和學業成功之間的關聯很緊密。如果孩子有良好的自我形象，而且能夠意識到自己的價值，他會學得比較快，成就比較好。他也會和其他人有良好的關係。反之，如果孩子的自尊心低落，他有可能會看輕自己，因此帶來學業上的困難。低成就的孩子會覺得自己不聰明。

學習必然需要走向未知，這是孩子必須承受的風險。如果孩子沒有健康的自尊心，他就不敢冒險前往未知。如果他做了卻失敗了，自尊心就會減弱，未來他會更加不願意冒險。

如果孩子有健康的自尊心，他敢冒更多的險，也會願意學習新事物。

建議：幫助孩子透過他的智能花束，去發現自己的能力和才華：他會看見自己是聰明的，他會知道該借助哪些智能，這會提升他的自尊心。

要是他失敗了，也會知道要從失敗中記取教訓，他的自尊心絲毫無損。他如果成功了，只會強化他的自尊心。自尊心薄弱經常會帶來學業上的困難，然後學業困難又會延續自尊心的薄弱。反之，健康的自尊心讓孩子學業更有成，進而鞏固自尊心。

3

觀察孩子的智能花束

在孩子還很小的時候，你就注意到他發展得很均衡：他的動作精細，喜歡在房間裡面做白日夢，一直翻閱繪本從不嫌煩，很容易交到新朋友，會收集蝸牛殼和羽毛，不斷要你唸故事給他聽，喜歡畫圖，你一放音樂他就開始打拍子……

現在是戴上你的「多元智能眼鏡」來解密的時候了！

音樂／節奏智能

音樂／節奏智能（M/R），指的是對聲音、節奏，和音樂的結構、旋律、響度很敏感。

音樂家、演奏家、詩人、指揮、音響工程師、音響技工、歌手、調音師、模仿藝人、容易學會外語聲調的人，他們通常有高度發展的音樂／節奏智能。

你會在孩子身上認出這個智能：

- 他喜歡哼哼唱唱，聽歌曲或樂曲。
- 他一聽到音樂或半點聲響，就會跳起舞來或打拍子。
- 他唱歌的音很準，還能重現旋律。
- 他很容易記住歌曲。
- 他聽到柔和的音樂就會平靜。
- 他對聲響或是刺耳的聲音很敏感。
- 他需要安靜或是特殊的聲音環境才能專心。
- 他會自創旋律或歌曲。
- 他能連結情緒和音樂。
- 他很容易就認出親人的聲音，就算他看不見人，或只聽見他們在電話裡的聲音。

- 他以模仿聲音及語調為樂。
- 他察覺到噪音或不尋常的聲音，例如機器發出不正常的噪音。
- 他對語言的聲調很敏銳。

如果孩子有良好的音樂／節奏智能，你會注意到他專注，善於聆聽，有感受性。

注意

年幼孩子的音樂／節奏智能，通常都發展得很好，因為他們最早的學習主要都動用到這個智能。他首先要認出媽媽的聲音，接著是爸爸和哥哥姊姊的聲音，之後他會試著模仿聲音，練習説話，漸漸的，在他發展音樂／節奏智能的時候，他會開始説母語。孩子會靠聲調，來理解身旁的人的意圖和情緒。

認出多元智能（1）

指出下列各項的強勢智能，
是否為音樂／節奏智能（M/R）。

	智能						
	M/R						
自創音樂							
甘地							
開心果							
平衡感很好							
喜歡玩拼圖							
喜歡依照組裝圖的指示							
喜歡跟別人交談							
雜技藝人							
海洋學							
學習外語很容易							
喜歡混合色彩							
喜歡下棋以及玩策略型遊戲							
音響工程師							
對自己的優點和弱點有實際的認識							
喜愛團體活動							

肢體／動覺智能

肢體／動覺智能，指的是自在操作身體，雙手靈巧，觸覺很敏銳。

運動員、舞者、默劇演員、喜愛DIY的人、工匠、從事繪畫與雕塑的藝術家、外科醫生、整骨師或物理治療師，他們通常有高度發展的肢體／動覺智能。

你會在孩子身上認出這個智能：

- 他對身體有很好的掌握能力。
- 他喜歡運動、跳舞。
- 他不太坐得住。
- 他的動作很協調。
- 他喜歡蓋房子，玩樂高、Kapla積木。
- 他喜歡製作模型、裁縫，或是製作各式物品。
- 他喜歡畫圖。
- 他需要觸摸物品，如果他的觸覺發達。
- 他在解釋事情或背誦課文的時候，需要動一動。
- 他說話時會搭配手勢。
- 他很注意細節。
- 他喜歡演戲、模仿、角色扮演。

> **注意**
>
> 肢體／動覺智能和音樂／節奏智能一樣，也是幼童優先開發的智能：孩子會漸漸發現如何操作他的身體，逐漸學會怎麼抬起頭、坐定，接著他會發現平衡感，動作會因此更細緻，然後走路、騎腳踏車……

如果孩子有良好的肢體／動覺智能，你會注意到他靈活敏捷，活力充沛。

認出多元智能（2）

指出下列各項的強勢智能為何。你可以在前面的表格加上肢體／動覺智能（C/K）。
某些項目可以符合數種強勢智能。

	智能						
	M/R	C/K					
喜愛藝術展覽、美術館							
喜歡討論並且提出理由							
藝術家安迪 · 沃荷							
藏書豐富							
對大自然的聲音、鳥鳴很敏感							
很容易理解抽象知識、概念							
解釋事情的時候經常利用圖解或畫圖							
喜歡跳舞							
會演奏樂器							
很容易用電話溝通							
經常冥想							
喜歡動物，會照顧動物							
動畫先鋒華特 · 迪士尼							
在學校特別喜歡幾何學							
政治家							

語文智能

語文智能，指的是把思想訴諸文字，懂得表達，對語言和文字、語言結構很有概念。

作家、詩人、說書人、記者、教師、演說家，他們通常有高度發展的語文智能。

你會在孩子身上認出這個智能：

- 他能流暢表達。
- 他有豐富的詞彙。
- 他能長時間保持專注，聽人說故事或童話。
- 他喜歡編故事、講故事。
- 他喜歡玩文字遊戲。
- 他樂於閱讀，而且明白內容。
- 他喜歡說話。
- 他一下子就能明白口語或書寫的指令。
- 他很容易記住名字、詩句、課程內容。
- 他描述事情的詞彙豐富而且貼切。
- 他喜歡透過書寫來敘述。
- 他喜歡玩使用文字的遊戲。

注意

語文智能是最通用的智能，因為無論什麼文化和時代，都會使用語言。
每個孩子在頭幾年就開始學說話，而且很快就學會讀寫。
語文智能若是過於不足，會引發挫折感，因為孩子不懂得怎麼把希望表達的事情訴諸語言。

如果孩子有良好的語文智能，你會注意到他性格嚴謹精確，能分辨出細微差異，而且有極佳的聽力。

認出多元智能（3）

指出下列各項的強勢智能為何。你可以在前面的表格加上語文智能（V/L）。某些項目可以符合數種強勢智能。

	智能						
	M/R	C/K	V/L				
劇作家莫里哀（Molière）							
喜歡解決問題							
比較喜歡和別人合作							
精神分析學家							
喜歡一個人做事							
法國詩人賈克·普維（Jacques Prévert）							
體育老師							
在團體中主動帶頭							
演默劇，喜歡使用非口語語言							
外科醫生							
數學和物理是他在學校最喜歡的科目							
莫札特							
著名的天文物理學家于貝爾·雷弗（Hubert Reeves）							
經常使用影片來傳達資訊							
專業翻譯							

視覺／空間智能

視覺／空間智能，指的是能夠創造心像，空間概念極佳，對色彩及視覺上的協調很敏銳。

建築師、景觀設計師、畫家、雕塑家、航海家、導演、運動員，他們通常有高度發展的視覺／空間智能。

你會在孩子身上認出這個智能：

- 他畫的圖色彩協調，而且空間的運用良好。
- 他對和諧及美感很敏銳。
- 他注意到細節。
- 他記得住人臉、地點。
- 他在新環境也能輕易辨認出方向。
- 他方向感很好。
- 他喜歡玩追蹤遊戲、定向越野運動。
- 他看得懂地圖或圖表。
- 他有空間概念。
- 他能用三度空間作畫。
- 運用圖解或繪圖來說明，他比較容易懂。
- 他解釋的時候會畫圖。
- 他喜歡看畫冊。
- 他喜歡玩拼圖。
- 他喜歡自創想像世界。

注意

如果孩子學著創造心像的話，他的視覺／空間智能會正確發展，因此，一定要避免讓他太早接觸到電子產品的螢幕：孩子如果接收太多外在的畫面，會比較難自創。

如果孩子有良好的視覺／空間智能，你會注意到他具有想像力、創造力，直覺強。

認出多元智能（4）

指出下列各項的強勢智能為何。你可以在前面的表格加上視覺／空間智能（V/S）。
某些項目可以符合數種強勢智能。

	智能						
	M/R	C/K	V/L	V/S			
室內設計師							
比較喜歡有插圖的手冊							
建築師							
喜歡一邊做，一邊學習							
一段曲調聽過一、兩遍即可哼出來							
會利用心智圖							
有絕佳的手眼協調能力							
可以説出引擎幾時「運轉良好」							
喜歡詞典							
哲學家							
在學校國文成績很好							
練習武術							
喜歡高聲朗讀							
學習的時候，需要一個人思考							
寫私密日記							

邏輯／數學智能

邏輯／數學智能，指的是能正確推理，用邏輯的方式解決問題，對數字和算術很拿手，懂得清點。

科學家、工程師、數學家、會計師、偵探、律師，他們通常有高度發展的邏輯／數學智能。

你會在孩子身上認出這個智能：

- 他喜歡數數、算術。
- 他喜歡尋根究底，探求道理，想要清楚的答案。
- 他會去探究發生事情的前因後果。
- 他有很好的推理能力。
- 他喜歡按照邏輯安排事情。
- 他喜歡瞭解事情如何運作。
- 他很嚴謹。
- 他喜歡玩邏輯遊戲或策略型遊戲。
- 他喜歡玩拼圖。
- 他喜歡解謎。
- 他能夠好好管理時間，規劃事情。

注意

在我們這個越來越仰賴科技的社會裡，長久以來，邏輯／數學智能被視為首要智能。它在許多領域中是必要的智能，並非只限於科學領域。

如果孩子有良好的邏輯／數學智能，你會注意到他能推理，思慮周密，有組織能力，做事有條理。

認出多元智能（5）

指出下列各項的強勢智能為何。

你可以在前面的表格加上邏輯／數學智能（L/M）。

	智能							
	M/R	C/K	V/L	V/S	L/M			
生物學家達爾文								
懂得指認每一種情緒								
喜歡指揮團體工作								
非常喜歡寫作								
喜歡線性思考								
喜歡運動								
方向感很好								
統計學家								
愛好自我評量測驗								
讀詩，有時候也寫詩								
喜愛戶外活動								
集郵								
製作模型								
飼養動物								
很會說故事								

人際關係智能

人際關係智能，指的是善於和其他人交往，理解對方，明白他們的感覺、情緒及期待。

教師、心理學家、職業培訓師、顧問、教練、商人，他們通常有高度發展的人際關係智能。

你會在孩子身上認出這個智能：

- 他向其他人敞開胸懷。
- 他喜歡和其他小孩玩。
- 他喜歡和人對談、交流。
- 他懂得聆聽。
- 他在一個新團體、新教室、新學校裡應對得很好。
- 他對其他人很體貼。
- 他很容易交上朋友。
- 其他小孩和大人都喜愛他。
- 他理解其他人，也知道讓自己去適應他們的需要。
- 他對別人的情緒和態度很敏感。
- 他喜歡幫助別人，會參與集體的計畫。

如果孩子有良好的人際關係智能，你會注意到他擅長社交，善良又慷慨。

認出多元智能（6）

請指出下列各項的強勢智能為何。
你可以在前面的表格加上人際關係智能（Inter）。

	智能							
	M/R	C/K	V/L	V/S	L/M	Inter		
常常玩填字遊戲								
懂得激勵自己， 能夠自律								
喜歡演戲								
很容易看懂地圖、 數據圖、圖表								
喜歡研究 含有數據的事情								
很容易自創心像								
玩數獨								
喜歡做化學實驗								
會辨認植物和樹木								
漫畫家								
著名舞蹈家紐瑞耶夫 （Rudolf Noureev）								
交響樂團的成員								
輕易掌握 外國語言的口音								
有座菜園								
記者								

內省智能

內省智能，指的是認識自己，能夠從經驗及錯誤中學習，無論是成功還是失敗的經驗，並且為自己設下能實現的目標。

哲學家、神祕主義者、作家和詩人，他們通常有高度發展的內省智能。

你會在孩子身上認出這個智能：

- 他很平靜、沉著。
- 他在行動前會思考。
- 他能貼切的談論自己的感受。
- 他懂得指認自己的優點和弱點。
- 他能夠自我評估。
- 他對別人很體貼。
- 他思考時需要獨處和安靜。
- 他很清楚什麼是自己能夠或者還不能夠做的事。
- 他懂得為自己訂立可實現的目標，也知道怎麼達成。
- 他懂得分析自己做的事，無論事情成功或失敗，並且從中得到結論，讓自己進步。
- 他有活躍的內心世界，如果他有寫私密日記的習慣。

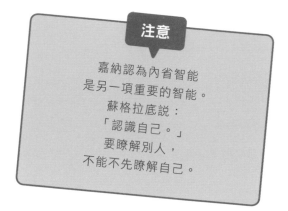

注意

嘉納認為內省智能是另一項重要的智能。蘇格拉底說：「認識自己。」要瞭解別人，不能不先瞭解自己。

如果孩子有良好的內省智能，你會注意到他有自主性，總是平靜泰然，而且謙遜。

認出多元智能（7）

指出下列各項的強勢智能為何。
你可以在前面的表格加上內省智能（Intra）。

	智能							
	M/R	C/K	V/L	V/S	L/M	Inter	Intra	
喜歡團體運動								
為發生的事 探究前因後果								
喜歡定向越野運動								
玩文字遊戲								
運用心像 去改善運動的表現								
喜歡經常花一點時間 避開人群或獨處								
在起衝突的時候 是個優秀的調停者								
喜歡讀科幻故事、 想像世界的描述								
電影導演								
雕塑家								
技工								
很喜歡瞭解事情 如何運作								
喜歡利用音樂 來改變內在狀態								
喜歡團體合作								
探求自己成功 和失敗的原因								

自然探索智能

自然探索智能，指的是關心大自然，認識大自然，瞭解大自然，探索大自然；同時還善於觀察、分類大自然的元素，會按照礦物、植物、動物的形式去安排，進而擁有分類事物的能力。

農夫、景觀設計師、飼養員、生物學家、植物學家、獸醫、檔案員，他們通常有高度發展的自然探索智能。

如果孩子有良好的自然探索智能，你會注意到他具有觀察力，會驚奇讚嘆，有好奇心跟責任感。

你會在孩子身上認出這個智能：

- 他很高興到戶外，而且喜歡在大自然裡散步。
- 他喜歡觀察動物。
- 他照顧寵物從不嫌煩。
- 他喜歡園藝。
- 他熱愛某些品種的植物或動物。
- 他會閱讀跟大自然有關的刊物。
- 他會擔心生態環境。
- 他的觀察力很好。
- 他收集東西。
- 他喜歡分類和安排事物。

注意

一九九六年，嘉納在他十多年前已經定義過的七種智能中，加入自然探索智能。它接近邏輯／數學智能和視覺／空間智能，可是它有一些特點，讓它可以被認定為一項獨立的智能。

認出多元智能（8）

指出下列各項的強勢智能為何。你可以在前面的表格加上自然探索智能（Nat）。

	智能							
	M/R	C/K	V/L	V/S	L/M	Inter	Intra	Nat
很容易從書本或討論中學習								
聽到一點節奏就會跳起舞來								
喜歡觸摸物品，有非常發達的觸覺								
用圖像解釋他會比較容易理解								
能夠從不同角度認出一樣物品								
喜歡心算								
能預測、提出假設並嘗試								
比較喜歡條列式的筆記								
喜歡在大自然裡充電								
會思考自己的行為，不會衝動行事								
有解決他人問題的創造力								
對人聲和其節奏很敏銳								
透過自己實驗的學習效果比較好								
工作態度節制、有條理而且嚴謹								
畢卡索								

讓孩子熟悉他的智能花束

多元智能理論非常容易理解，可以對五或六歲的孩子解釋。

如果這個方法讓你改變看孩子的眼光，也請花時間跟他解釋，和他一起思考他的智能花束。在和孩子的交流互動中，可以經常提到多元智能理論，而且不要忘記，孩子的智能會持續進化。

給小學生的工具

根據孩子的年齡，調整使用的詞彙，帶領他發現多元智能理論。

只要在孩子喜愛做的事情，建立起和每一種智能的連結，就可以向他解釋每項智能的運作：「你喜歡去鄉下散步，照顧動物嗎？這就是一種智能喔！」

以下是幾個充滿趣味的工具，年幼的孩子也可以輕易理解：

• Les Multibrios *：這是八個卡通人物，各自對應八種智能。詳細跟孩子解釋，他不是這些人物的「其中一個或是其中幾個」，而是他體內同時有這八個人物。

• Les Octofun **：這是孩子體內的八顆能量球，可以讓孩子展露自己的潛力。

要記得跟孩子明白說清楚，他的智能不斷在進化，而且他在評估自己每種智能的發展程度時，指的是他在某一天當中所做的觀察，幾個月後的觀察結果將會不一樣。

---

* 　Les Multibrios 是一套有聲書，旨在幫助四
　　至十二歲的孩子理解多元智能理論。
** Les Octofun 是一系列工具書、遊戲。

我的多元智能圖（日期：.................................）

等孩子很瞭解每一種智能的特性後，你可以讓他填一張多元智能的對照圖表。

他必須從中心點出發，為每一種智能塗上不一樣的色彩，畫出他認為該智能這天在他身上發展到哪一圈位置。

第一圈：低度發展的智能

- 我無法自在運用這個能力。
- 我避免使用它。

第二圈：些微發展的智能

- 我需要盡最大的努力。
- 我覺得困難。

第三圈：中度發展的智能

- 我需要費點力，可是我會運用。
- 只要有毅力，我就可以達到目標。

第四圈：高度發展的智能

- 我自然而然就能運用它。
- 我感覺自己很能幹。

第五圈：卓越發展的智能

- 我駕馭自如。
- 我覺得自己比同齡孩子更能幹。

建議

保留孩子註明日期的圖表，
定期請他重做新的圖表，
例如每六個月，
但不去看先前那張。
然後比較不同的圖表，
和孩子一起觀察他的進展。
接下來一起討論。
你也可以請孩子的親友
幫他製作圖表。

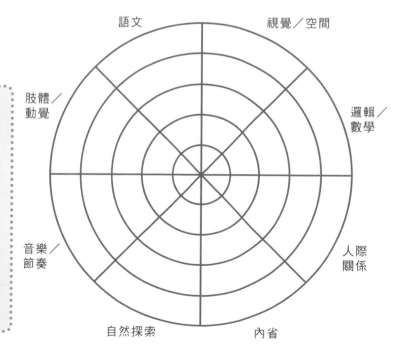

語文　視覺／空間　肢體／動覺　邏輯／數學　音樂／節奏　人際關係　自然探索　內省

也想想你自己的智能花束！

身為父母，你也許覺得還滿容易設想自己孩子的智能花束，因為你非常瞭解他……但是對你自己的智能花束呢？

觀察自己的智能花束，會動用到你的內省智能。如果直到今天，你都有好好訓練內省智能，那這個練習就會挺簡單的。如果不是，那你肯定會花比較多時間。

許多成年人沒有意識到，自己身上有某些智能非常強勢，或者就算意識到，也不敢承認一生中放任了不少智能沉睡。這個自省練習的重點就在於此。做這個練習的時候，你應該要盡可能回到最遙遠的過去，記起小時候最喜歡做的事。

這個有潛力的智能，你發展得足夠嗎？還是被棄置一旁了呢？

這次的**觀察**會是個好機會，讓你意識到自己的花束裡有幾朵含苞未放的花，這些花值得受到更一步的培育。

請記得我們全都擁有八種智能，而且都可以發展到相當不錯的水準。

意識到這一點，可以幫你喚醒某些沉睡的智能。

建議：你也可以請親友幫忙填寫你的多元智能圖，像是伴侶、上司、雙親、孩子等。其他人對我們的看法會幫上大忙。

理解自己的智能花束，永遠不嫌遲！而且你的孩子也會跟著受益。

實際案例

我兒子跟我提到多元智能理論的時候，
我覺得這對他的學業進步相當有益，
我幾乎可以馬上猜想到他最強勢的智能是哪些。
等我打算思索自己的智能時，覺得好像不可能辦得到。
我需要好幾個月，才對自己的智能花束有個概念。
一開始，我主要參照當初採取的學業方向，
可是等我思考小時候最喜歡做的事情時，
發現我體內某些智能生來就很強勢，
只是我從來沒有去開發它們，
而其他比較弱勢的智能則一直處於待機中。

我的多元智能圖（日期：.................................）

每種智能用不同顏色代表，從最下面開始，塗完這個直方圖，畫出你認為該智能所發展到的程度。

強度	智能							
	M/R	C/K	V/L	V/S	L/M	Inter	Intra	Nat
卓越 ● 運用時得心應手。 ● 能力的素質大幅超越平均值。 ● 很難得出錯。								
強 ● 能輕鬆使用。 ● 給人能幹的印象。 ● 通常能夠達到期望。								
中等 ● 需要一點努力。 ● 有毅力的話可以達成目標。								
偶爾使用 ● 能力薄弱。 ● 一定會很費力。 ● 常常有挫折感。								
弱 ● 經常難以運用。 ● 結果總是一敗塗地。 ● 我盡量不用。								

4

需要避開的幾條捷徑

你一定注意到,即便對年幼的孩子來說,要搞懂並且解釋多元
智能理論,相對簡單。

可是你也一定要保持警覺。可能會出現的混淆或不當解讀,將
會限制你的理解,和對本書方法的應用。

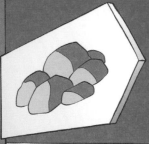

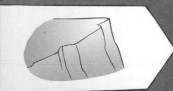

誤解成單一智能、學習風格和學校教材

你的第一個混淆，是認為多元智能理論是「學習風格」的延伸，不管是視覺型、聽覺型，或動覺型的學習風格。

學習風格，牽涉到我們依據自己的感官偏好，喜歡用來接收資訊的方式。

我們必須理解，嘉納所定義的智能是處理資訊，進而瞭解、吸收或是傳遞的方式。

因此，你的孩子也許聽覺發達，這表示他比較喜歡聽到他應該學習的東西，而不是看見該學的東西。但如果他必須吸收學習內容，融會貫通，他肯定比較喜歡運用他的視覺／空間智能，自創心像，或是他的肢體／動覺智能，運用身體，而不是大聲背誦。

如果他視覺發達，他會比較喜歡看見他必須學習的東西，不過他接著也可能會喜歡解釋給別人聽，或是自己大聲覆誦學到的內容。

這兩種做法完全相容，而且互補。

> **須知**
>
> 聽障者聽覺遲鈍，
> 但是他可以運用他的
> 音樂／節奏智能。
> 盲人有視覺障礙，
> 卻可以自創心像。

另一個相當常見的混淆情況，是把智能與學校科目畫上等號：音樂就是音樂／節奏智能，體育就是身體／動覺智能，數學就是邏輯／數學智能，美術就是視覺／空間智能，國文就是語文智能，地球科學就是自然探索智能。

智能是處理資訊的方式。因此，邏輯／數學智能可以被運用在數學，也能應用在國文、歷史和文法上。所有學科都少不了要運用語文智能，無論是閱讀並且理解一個指令，或甚至正確無誤的複述他理解的內容。

想要測量智能

當你聽說多元智能理論的時候，馬上想到的幾個問題之一，很可能是：「我要怎麼測量我家孩子的智能呢？」

我們在本書的第一章裡解釋過，想要測量不同的智能，根本就違背了嘉納所希望呈現的對智能的看法。

你上網搜尋，很容易就能找到一堆測量智能的測驗：**請避開它們！**這些測驗的結果非常有限，因為每種智能的運用方式，數也數不清。再者，我們大多數時候運用的，是許多智能的組合，可是這些只提供了幾個項目測驗所得出的結果，可能與你以寬廣的角度，在孩子身上所觀察到的結果，截然相反。

正如嘉納的解說，假如我們要「測試」一種智能，就必須要「在智能的使用中」觀察，而不是像回答別人列出的一張問題清單那樣，單單使用語文智能。

範例

與其回答
「孩子的方向感好嗎」，
或是「孩子對空間協調性的
感覺敏銳嗎」這類問題，
不如請孩子帶你走上一段路，
或是向你解說他怎麼
重新擺設他的房間。
與其回答
「孩子有很多朋友嗎？」這類問題，
不如思考他在進到新團體的時候
如何反應，
例如新教室、新學校、
新社團等等。

想要更加釐清孩子的智能花束，那麼就根據你對孩子的**觀察及瞭解**，並仰賴本書提供的每種智能描述的**指標**，才真的有效。

你也可以問問**老師對孩子的看法**，尤其是老師都很熟悉多元智能理論。例如，孩子在學校分組作業時、和其他學生相處時、上體育課時、上音樂課時……，他的行為如何？

打擾老師上課，這種行為有時是個好指標，表示學生身上有某項強勢智能，卻沒有得到充分發揮的機會。

因此，一個被看作「聒噪」的孩子，或許有強勢的人際關係智能，只是沒有足夠的機會在班上跟其他同學互動。另外，一個「坐不住」的孩子，可能有強勢的身體／動覺智能，可是他在動作中學習的需求沒有受到認可。

最後很重要的一點，是用適合孩子年齡的方法，來介紹多元智能理論，並請他**定義自己的智能花束**，讓他熟悉多元智能。

試圖「歸類」

我們常常試圖把多元智能理論視為分析性格或行為的補充工具，並且想要把一個人和一種智能畫上等號，然而這套理論的特點，正是為了避免把一個人「放進一個格子裡」。

如果你的孩子跟我們每個人一樣，擁有強勢和偏好使用的智能，你必須牢牢記住，他也跟你一樣，**擁有全部的智能，而且終其一生都可以繼續開發它們**。

非要回答「我孩子的智能有哪些？」這個問題，你可能在「幫他貼上標籤」，讓他困在自己的兩、三個強勢智能裡，而不讓他知道，他其實大可依靠自己的強勢智能，去均衡發展每一種智能花朵。

請記得孩子的智能花束正在蓬勃發展。你越是給他機會去激發這八種智能，他越會在許多領域裡感覺自己很能幹。因此，他會有更好的機會，長成一個有責任感、而且發展均衡的大人。

5

灌溉孩子的智能花束

身為戴著「多元智能眼鏡」的父母，你能送給孩子
最好的禮物之一，就是讓他可以從很小的時
候，就開始發展所有智能，充分發揮他
的天賦。
不過前提是，你們應該提供他一個富
含各種智能的環境和教育。

音樂／節奏智能

在孩子出生之前，他已經聽得見聲音、人聲和外在的噪音；他感知到媽媽心跳的節奏。因此你可以從懷孕期間，開始刺激他的音樂／節奏智能，並且在他出生之後繼續下去。

要發展孩子的音樂／節奏智能，你可以：

- 給他聽樂聲和節奏。
- 讓他注意到環境的聲音和噪音。
- 給他辨認人聲、口音和聲調的機會。
- 根據不同的需要聽不同的音樂。
- 利用音樂來建立慣例。
- 利用音樂來幫助他學習。

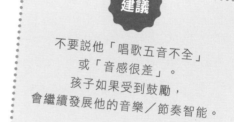

建議

不要說他「唱歌五音不全」
或「音感很差」。
孩子如果受到鼓勵，
會繼續發展他的音樂／節奏智能。

聆聽

發展音樂／節奏智能

讓孩子開始聽音樂

- 讓孩子聆聽不同種類的音樂。
- 懷孕期間唱兒歌給胎兒聽，等孩子出生後，在讓他入睡時唱歌。
- 從他開始講話而且可以跟你一起唱歌的時候，就教他一些歌曲。
- 聽音樂的時候跟他一起打拍子。
- 幫他報名合唱團。
- 提議他去學樂器。
- 帶他去聽音樂會。

環境的聲音及噪音

- 有聲響的時候要吸引他注意：飛機、消防車的聲音，鳥在唱歌，打雷，下雨，人聲，鑰匙插進鎖孔的聲音……然後問他聽見什麼。
- 讓他模仿他聽見的聲音。

辨認人聲、口音、聲調

- 盡可能調整聲調，搭配你們希望傳達的訊息。
- 讓他在電話上或是在別的房間的時候，辨認親友的聲音。
- 讓他辨認音樂、歌曲、演員的聲音。

根據不同的需要聽不同的音樂

- 讓自己靜下心來專注的時候：古典音樂，如莫札特、巴哈、德布西。
- 要讓自己放鬆，提振精神的時候：一九六〇年代的音樂、電影配樂、搖滾樂。
- 要發揮創造力的時刻：古典音樂、爵士樂、印度音樂。

建立生活常規的音樂

- 起床的音樂。
- 入睡的音樂。
- 指示現在是收玩具、洗澡、吃晚餐……時間的音樂。

幫助學習的音樂

- 一起編穿衣服的兒歌、學習分辨左右的兒歌、身體各部位的兒歌、家人名字的兒歌、手指頭的兒歌、放學回家後該做的事……
- 一起編複習課業的歌曲。

肢體／動覺智能

孩子會在他生命的頭幾天意識到自己的身體,並且學習使用。自然而然的,他會逐漸發現怎麼運用,如何與周遭的世界互動。

要發展孩子的肢體／動覺智能,你可以:

- 做一些可以訓練平衡感的體能活動。
- 發展做出精細動作的能力。
- 瞭解自己的身體及身體的需求。
- 運動讓頭腦更健全。

建議

不要說他「手殘」
或「笨手笨腳」。
孩子如果受到鼓勵,
會繼續發展
他的肢體／動覺智能。

發展肢體／動覺智能

做體能活動

- 讓孩子發現不同的運動。
- 讓他選擇一項運動，你則鼓勵他持之以恆，可能的話深入訓練，精進實力。
- 和他一起做運動，例如走路、跑步、騎腳踏車、游泳、球類運動、划船⋯⋯
- 教他跟隨不同的音樂和不同的節奏，和其他孩子或大人一起跳舞。

發展做出精細動作的能力

- 給孩子玩樂高、Kapla、積木等等，或其他能增進手部能力的活動。
- 帶著孩子一起做木工，例如釘釘子、鋸木板、使用不同的工具。
- 提議他和你一起煮飯。
- 教他縫紉。
- 鼓勵他作畫、雕塑、堆積木、DIY。
- 提供模型給他建造。
- 讓他演戲、模仿、角色扮演。
- 讓他玩偶戲。
- 讓他把畫在地上的線當成鋼絲來走。

瞭解自己的身體及身體的需求

- 要知道你和孩子的身體接觸，對他身心的均衡發展不可或缺。
- 教他表達身體的感受：疼痛、發燒、饑餓、疲勞。
- 教他吃得均衡、多樣化而且健康，避開加工食品還有汽水，也要避免飲食過量。
- 幫助他關心自己的睡眠。
- 教他加入非口語語言表達他的感受。

動身體讓頭腦更健全

- 可能的話，鼓勵孩子走路或騎腳踏車上學，而不是搭家裡的車或大眾交通工具。
- 盡可能經常提議他做一些戶外活動：散步、園藝、運動⋯⋯，這會大量減少他待在螢幕前的時間。
- 教他做一些交互動作，連結他兩邊的大腦，例如健腦操（Brain Gym）。
- 帶他做兒童瑜伽。

語文智能

孩子從小就會學習聆聽別人對他說的話。接著他會試著模仿聲音、因常聽而懂得意思的字句，並且把它們與特定情況、大人的非口語語言、畫面、物品連結起來。

他會逐漸學著說話，用言詞來表達他的想法。他身旁的人用詞越豐富，他就越容易表達，豐富自己的語言。

孩子的語文智能會透過四個軸向發展：

- 說話，來表達想法。
- 聆聽，來明白別人傳遞的訊息。
- 閱讀，輕鬆愉快。
- 書寫，流暢自如。

建議

不要說他「不會表達」
或「沒有文學天賦」。
孩子如果受到鼓勵，
他的語文智能會繼續發展。

發展語文智能

說

- 養成和孩子説話的習慣，就算他還沒出生也一樣，告訴他你要帶他去哪裡，準備怎麼照顧他，要餵他吃什麼東西。
- 從孩子剛開始會説幾個字，就教他新的詞彙，豐富他的詞彙。
- 使用高品質的語言、結構正確的句子，避免使用「寶寶語」。
- 修正他的發音或句法錯誤。
- 請他敘述他的一天，他剛剛做的活動，和朋友一起打發的時間。
- 和他一起玩拼字遊戲*、填字遊戲、吊頸遊戲**。
- 玩猜謎比賽、文字遊戲。

讀

- 讓孩子熟悉書本，給他塑膠或布製的書，從他很小而且會抓東西的時候就開始。
- 從孩子很小的時候就開始和他一起翻閱繪本。
- 孩子夠大，就經常帶他上圖書館。
- 晚上在他睡著之前，唸故事給他聽。
- 在他的遊戲空間裡，放幾本各式各樣適合他年齡閱讀的書。
- 搭火車或坐車的時候給他書，而不是讓他看影片或玩電玩。
- 他出去度假的時候，寄明信片或寫信給他。
- 讓他讀你們一起做的那道菜的食譜。

聽

- 孩子洗澡、吃飯、散步的時候，編故事給他聽。
- 跟他説説你這一天當中或過去碰到的趣事。
- 讓他聽童話、故事，用繪本或不用書都可以。
- 朗讀圖畫書給他聽，同時出示插圖。
- 教他聽完故事而不打岔。
- 讓他覆誦一遍你跟他解説的內容。
- 讀適合他年齡的詩歌給他聽，讓他學習適合他年齡的詩歌。

寫

- 鼓勵孩子寫明信片、信、電子郵件給他的祖父母、朋友、表親或堂親。如果他年紀太小不會自己寫，請他把想説的話唸給你聽寫。
- 提議他在度假，或是跟班上去遠足的時候寫日記。
- 提議他編故事或詩歌，並且把它們寫下來。
- 提議他演一齣戲。
- 讓他參加詩歌及寫作比賽。

---

* 拼字遊戲（Scrabble）是一種在 15x15 方格的圖板上進行的英語拼字遊戲，每格只能放一個字母牌，拼出詞彙可得分。

** 吊頸遊戲（hangman）是一種雙人玩的猜單詞遊戲，出題者先在心中想一個單詞，讓另一人猜這個單詞有哪些字母。遊戲一開始先畫出字母數量的橫線，讓對方知道有多少字母，每猜錯一個字母，出題者就會在紙上畫一筆，直到畫成一幅吊起來的人像，若畫像完成，代表出題者勝。

視覺／空間智能

孩子的大腦要正確運作，一定要會自創心像，才能把聽見的字句轉換成心理影像。

可是在我們這個時代，孩子還很年幼，就大量接收螢幕上的現成影像，導致孩子這個理應與生俱來的能力都發展不足。

所以，一方面你必須盡量限制孩子待在螢幕前的時間，另一方面要給他機會發展想像力。

要讓孩子發展視覺／空間智能，你可以提議他：

● 想像。
● 辨認方向，提前做好準備。
● 用三度空間去想像。
● 注重色彩與視覺細節。

建議

不要說他「一點方向感都沒有」
或「他不是視覺型的」。
孩子如果受到鼓勵，
他的視覺／空間智能會繼續發展。

---

* 「格格不入」（Blokus）是一種看起來像俄羅斯方塊，實際是類似圍棋的策略遊戲。玩家必須用自己的方塊擴張領域，防止對手入侵，同時用完手中的方塊。

** 「金姆遊戲」（Kim's game）是一種鍛鍊觀察力和記憶力的遊戲。吉卜林在小說《金姆》中描述過這個遊戲，故以名之。

***「嗒寶」（Dobble）是一種訓練速度、觀察力和反應的紙牌遊戲，先叫出對手和自己的牌上相同圖案的名稱，即可得分。

發展視覺／空間智能

想像

- 給孩子蠟筆、彩色筆、顏料。
- 經常提議他畫圖。
- 讓他在曼陀羅圖上著色。
- 給他一些能夠編故事、情境、角色扮演的遊戲，例如娃娃、摩比人玩具（Playmobil）、小汽車、偶戲。
- 建議他畫概念，例如休閒時光、生活、自由、危險……
- 跟他講故事的時候，可以請他描述所見。
- 建議他把你講過，或是他自己讀的故事畫出來。
- 跟他一起玩「猜猜畫畫」（Pictionary）。
- 教他玩「格格不入」*。讓他創造畫謎（rébus）……

定位

- 教孩子辨識不同的路：上學、去游泳池、去祖父母或朋友家的路線。
- 儘管全球定位系統是一個方便的工具，但是出發旅行的時候還是給他看地圖，並跟他解釋怎麼使用。
- 教他讀地圖，如地鐵、公車、家裡的平面圖。
- 帶他駕駛帆船。
- 請他明確描述他的房間、他的家、他的教室、他的學校……
- 讓他畫家裡的地圖。
- 讓他玩拼圖。
- 送他一個兒童用的月曆，讓他有時間概念。
- 辦一場走路競賽。

用三度空間去想像

- 讓孩子摺紙。
- 告訴孩子他周遭物品形狀的名稱，並請孩子試著說說看。
- 按照組裝圖組裝家具的時候請他幫忙。
- 請他想像他房間及其他房間的最佳布置。
- 請他想像他夢中的房子。
- 教他用 3D 透視法來畫圖。
- 跟他一起製作模型。
- 送他地球儀、3D 拼圖。

注重色彩與視覺細節

- 就算孩子還不會說話，也教他色彩的名稱。
- 讓他著色、畫圖。
- 和他一起玩「金姆遊戲」**、記憶遊戲。
- 讓他注意到視覺上的變化，例如你上了美容院、改變家裡某些地方的布置……
- 跟他一起玩「嗒寶」***、紙牌遊戲。
- 送他《威利在哪裡？》系列書籍。
- 讓他玩「找找那裡不一樣」的遊戲。

邏輯／數學智能

孩子會逐步建立合乎邏輯的分析推理能力。在他的日常生活中，經常會具體用到推理能力，例如建立生活節奏、安排日常生活。事物之間存在著數不清的關聯。

要讓孩子能夠適應情況，提前做好準備，拉開距離客觀看待，發展他的推理能力相當重要。

要讓孩子發展邏輯／數學智能，你可以提議他：

- 計量與計數。
- 安排自己的作息表，整理自己的東西。
- 推理。
- 發現問題，找到答案。

建議

不要說他「沒有邏輯觀念」
或「沒有科學頭腦」。
孩子如果受到鼓勵，
會繼續發展
他的邏輯／數學智能。

發展邏輯／數理智能

計量與計數

- 和孩子一起數數，例如他有幾根手指頭，點心的蛋糕有幾塊，離放假還有幾天……
- 讓他玩能用趣味的方式數數的遊戲，像是家家酒、「理財行家」（Bonne Paye）、大富翁、骨牌遊戲。
- 教他辨別指針式時鐘、數字鐘上面某些時間，例如吃飯、睡覺的時間。再慢慢用教具教他讀時間。
- 玩遊戲的時候，讓他負責算分數。
- 和他一起做飯，讓他測量食材用量。

組織與整理

- 和孩子一起安排他一天、一週、假日的作息表。
- 和他一起玩拼圖，提議他不同的策略，例如從四邊開始，按照顏色、形狀……分類。
- 一起計劃他一天中需執行的任務。
- 每天早上和他一起複習他這天的計畫。
- 在家裡張貼家庭行事曆。
- 教他擺餐具的時候要設想周到，並計算正確的用餐人數。
- 教他怎麼省事的收拾東西，規劃日常生活的時候需要事前預備，例如晚上準備明天要穿的衣服和書包，吃晚餐之前要收拾東西……

推理

- 和孩子一起玩需要運用邏輯和策略的桌遊，例如接龍、四子棋、魔術方塊、「世界首富」*、紙牌遊戲……
- 讓他玩數獨。
- 讓他玩尋寶遊戲，出一些謎題給他猜，讓他找到答案。
- 讓他參加邏輯比賽，如「袋鼠數學競賽」。

提出問題

- 給孩子推理偵探類的遊戲或書，玩探索遊戲。
- 和他一起玩「妙探尋兇」**、「珠璣妙算」***。
- 請他畫一些精確的東西，例如一篇故事中的某起事件、人體、動物……要完成他的畫，他必須發問。
- 給他科學實驗的遊戲，如物理、化學、生物、地理、機械。
- 教他修理物品，例如腳踏車、玩具……

---

* 「世界首富」（Richesses du monde）是一款理財的圖板遊戲，玩家要盡量積攢財富，同時讓對手破產。

** 「妙探尋兇」（Cluedo）是一款經典緝兇推理遊戲。

*** 「珠璣妙算」（Mastermind）是一種破譯對手密碼的雙人遊戲。

人際關係智能

孩子會長大，而且會在一生中不斷建立關係。他很早就會獲得社交技能，藉此理解身旁的人的意圖。

他越是有機會和其他孩子或大人交流，越能夠發展這種人類生活必需的人際關係技能。

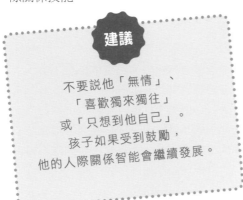

建議

不要說他「無情」、
「喜歡獨來獨往」
或「只想到他自己」。
孩子如果受到鼓勵，
他的人際關係智能會繼續發展。

協助孩子做到以下事項，你可以幫助他發展人際關係智能：

- 對其他人敞開胸懷。
- 體貼其他人的需要。
- 理解身邊的人的情緒、感受、性格。
- 接受並且尊重旁人跟自己不同，並借助這些差異，互相幫忙。

發展人際關係智能

對其他人敞開胸懷

- 為家人、朋友打開你家的大門。
- 請他邀請朋友來玩、吃飯、做功課、度假……
- 當孩子受邀時，鼓勵他去朋友家。
- 鼓勵他和朋友一起安排活動，例如散步、出門、踢足球……
- 支持他參加團體活動：團體運動、童子軍、社團……
- 送他到不常去的地方度假：去朋友家、露營、夏令營、國外……

體貼其他人的需要

- 和孩子一起讀克羅德 · 史坦納（Claude Steiner）的《熱軟軟的溫馨故事》（ _Conte chaud et doux des Chaudoudoux_ ）。
- 教他借東西、玩具、書給別人，跟別人分享他的點心，在服務自己前先服務他人。
- 鼓勵他打聽他人的消息，或是去生病或年長的親友家探視。
- 教他遇到人的時候問對方問題，例如他們的健康、他們的工作、他們的休閒生活、他們的家人……
- 讓他負責照顧比他年幼的孩子、弟弟妹妹、堂親表親：想一個遊戲來玩、分配收拾工作、讀一篇故事……
- 度假的時候，鼓勵他寄明信片給親友。

理解身邊的人的情緒、感受、性格

- 分享一天中的體驗，無論是快樂或不快樂的事。
- 問孩子他覺得兄弟姊妹吵架時的心情會是怎樣。
- 提議他動手做一個符合親友性格的禮物，在對方辦派對或慶生會時送給他。
- 教他主動幫忙。

接受並尊重彼此的差異

- 讓孩子知道他和你的做事方法不同，可是你同意讓他用別種方式做，這樣能給他責任感。
- 如果孩子有參與團體運動，讓他明白每個成員為了團體，有各自的行動方式，跟他自己的做法比起來，有時候比他的做法好，有時候則比較遜色。
- 和他一起玩團體桌遊，讓他學會就一個策略，和其他人達成共識。
- 讓孩子看見有些他懂也會做的事，而你不懂或是不會做：請他教你他知道的事。

內省智能

孩子成長在一個什麼都很快速的時代，人人不斷要求表現、效益、行動。而對自我的反省，並不見得受到青睞。

然而孩子內在世界的成長，對他的平衡及充分發展不可或缺。他越早意識到自己的喜好、需求、才華及難處越好。要和其他人打好關係，就必須要認識自己，喜愛自己。

這麼做，讓孩子發展他的內省智能：

• 教他接受稱讚。
• 讓他負責安排閒靜及獨處的時間。
• 幫助他思考自己的行為、成功、難處。
• 幫助他意識到生理上、情緒上、心理上的感受，並且說出來。

建議

不要說他「不會考慮後果」、
「什麼也不表現出來」
或「不會從錯誤中學習」。
孩子如果受到鼓勵，
他的內省智能會繼續發展。

聆聽

發展內省智能

接受稱讚

- 給孩子一個客觀的回應，鼓勵他正在做的事，讓他注意到自己做得多好。
- 教他無論是正面還是負面的回應，都要好好接受。
- 告訴他「回應」並不是在批評他的為人，而是在評估他的行為。
- 跟他解釋，學業成績是對他的能力，在某個時間點，是否達到期待程度的評估結果，絕對不是在評估他本人。

擁有閑靜的時刻

- 幫孩子挪出一些安靜的時刻，不要提議他做什麼活動，讓他自己決定如何利用。
- 帶他出去閒晃，無需目的地，只是去透透氣，觀察大自然，走路，和他在一起……

反思

- 問孩子他是怎麼拿到好成績、怎麼贏得比賽、作業怎麼得到高分……，他成功的因素是什麼，或是他缺少什麼才沒有做到。
- 幫助他對自己的才華、強項、興趣、難處、極限、個性有一個正確的看法。
- 幫助他評估他有能力做的事，還有他尚未有能力做的事。
- 讓他意識到，他的每一次錯誤都是往前邁進的一步。

意識到自己的感受，並且說出來

- 問孩子他在玩遊戲贏的時候、輸的時候的心情，或是受到邀請的時候，發現成績單的時候，假期接近的時候……
- 讓孩子知道什麼是情緒，還有哪些不同的情緒。
- 和孩子一起玩「室內氣象」遊戲：他必須選符合他生理、情緒或當下心理狀態的一張圖片、一個動作、一個字眼。

自然探索智能

大部分的孩子對大自然、戶外活動及動物都有著濃厚的興趣。可是我們活在一個消費社會裡，快速的生活步調、日新月異的新科技，讓他們喪失接觸大自然的天生需求。

接觸大自然對孩子心靈的健全，至關緊要，而且對健康也有直接的影響。再說，孩子以及接下來的世代，一定要意識到自己有維護地球的角色及責任才行。

這麼做，可以讓孩子發展自然觀察智能：

- 讓他在大自然中充電。
- 讓他尊重大自然。
- 啟發他去觀察大自然。
- 教他分類及安排。

建議

不要說他「沒有觀察力」、
「沒有綠手指」或「雜亂無章」。
孩子如果受到鼓勵，
他的自然探索智能會繼續發展。

發展自然探索智能

在大自然中充電

- 讓孩子放學後先在戶外玩耍,之後再回家。
- 提議他和你一起做園藝。
- 和他一起去森林、山上、鄉間散步。
- 帶他去釣魚。

尊重大自然

- 請他照顧寵物或是一株植物。
- 教他做垃圾分類,製作堆肥。
- 帶他去農場買天然的產品,如乳製品、蛋、蜂蜜、肉、水果、蔬菜……
- 和他一起用從大自然中採收的作物製作罐裝食品,如果醬、果泥、果汁……
- 讓他幫小鳥製作飼料槽。

觀察大自然

- 帶孩子上菜市場,讓他熟悉當季產品及食品的多樣性。
- 讓他闢一座自己的菜園,並且把照料的責任交給他。
- 帶他去參觀自然史博物館、海洋博物館,以及壯觀的自然景點,如深坑、洞穴、圈谷、懸崖、沙丘、沼澤……
- 去採野菇、栗子,去摘水果……
- 為他訂閱以大自然為主題的報紙,給他一些有關火山、動物的書……

分類及安排

- 孩子在收集東西的時候要鼓勵他。
- 教他分類、安排、收拾他的東西。
- 讓他製作植物標本集。
- 教他分辨不同品種的動物和植物,告訴他它們的名稱……

刺激各種智能的活動

你現在一定明白了，如果讓孩子在一個能刺激各種智能的環境裡成長，比起在學校，他的智能會有更多的成長。

這裡有幾個能促進孩子發展多種智能的點子，可以全家人一起做。當然，無論你選擇哪一種活動，都可以盡情利用「多元智能眼鏡」，解析出可以刺激各種智能的成分。

辦一場家庭音樂會

- 音樂／節奏智能：彈奏樂器、唱歌。
- 語文智能：歌詞。
- 邏輯／數學智能：規劃及安排。
- 肢體／動覺智能：彈奏樂器。
- 視覺／空間智能：位置的安排。
- 人際關係智能：樂曲及歌曲的選擇，一起合奏及合唱。
- 內省智能：感受音樂、歌聲，還有全家相聚一堂的感覺。

玩桌遊

- 語文智能：理解遊戲規則。
- 邏輯／數學智能：策略。
- 視覺／空間智能：安排遊戲圖板的位置。
- 人際關係智能：和其他玩家間的關係，團體精神。
- 內省智能：意識到自己的感受。

製作最近一次度假的相簿

- 自然探索智能：分類相片。
- 人際關係智能：挑選相片，選擇內文。
- 邏輯／數學智能：編排相簿。
- 視覺／空間智能：在腦海中想像要記下的不同內容，貞面的空間安排，挑選相片。
- 語文智能：編輯內文。
- 內省智能：意識到自己的心情。

開闢菜園

- 自然探索智能：選擇要栽種的植物，學到每一個步驟的時期為何，包括栽種、修剪、收成。
- 肢體／動覺智能：整地，使用園藝工具。
- 視覺／空間智能：規劃空間，遵守必要的間隔。
- 語文智能：理解種植說明、工具的使用規則。
- 邏輯／數學智能：控管比例。
- 人際關係智能：分配工作。
- 內省智能：思索自己的需求及喜好。

辦一場尋寶遊戲

- 邏輯／數學智能：出謎題。
- 視覺／空間智能：選擇步驟、路線。
- 自然探索智能：辨識方向，使用謎題所需的大自然元素。
- 肢體／動覺智能：走、跑、體能比賽。
- 語文智能：編輯謎題、步驟。
- 人際關係智能：分配每一隊的角色，下決定。

準備一場家庭聚會

- 邏輯／數學智能：計劃待做事項。
- 視覺／空間智能：確保場地、桌子、布置的和諧。
- 音樂／節奏智能：音樂，聲響。
- 自然探索智能：食材、花的選擇與購買。
- 語文智能：閱讀食譜，擬訂賓客名單。
- 人際關係智能：分配任務，決定每個人的責任。

該避免的活動

多年以來，醫生、心理學家、學者、教育家等等，對於螢幕在孩子日常生活中早就無所不在的情況，都發出了警訊。

對於不屬於「數位原住民」（digital native），即不是成長在數位產品盛行時代的人來說，作為父母，看到我們的下一代操作新科技有多麼流暢自然，有時候還是很吃驚。

不過，我們還是有一些限制螢幕使用的理由。除了電玩、影集、電影和網站的內容，並不總是合乎孩子的年齡及需求，我們還必須強調它們會造成上癮，讓身體缺乏活動，還會自我封閉。同時，也別忘了電動玩具會引發緊張感。

學者已經證實，過早接觸螢幕與學業困難之間，具有直接的關聯。

多年以來，專家提倡的法則之一，就是「三歲前完全不得接觸螢幕」。

所以，我們應該避免讓家中的電視機一直開著，或是在孩子的房間裡擺放電視機。

孩子只有在**主動的行為中**才能成長，大腦才能發育。

記住這個原則：在電視機螢幕前度過的時光，是在阻礙孩子正確發展，因為孩子在螢幕前，只是處於**被動的**地位。

把這條規則與多元智能交叉對照，得出的結果相當有意思。我們會發現看電視或看螢幕，根本違背了多元智能的發展。

智能	電視帶來的效果
視覺／空間智能	創造心像的障礙
人際關係智能	沒有人際關係
肢體／動覺智能	缺乏身體活動
語文智能	詞彙、口頭表達、對話內容經常很貧乏，沒有交流
邏輯／數學智能	被動，所以沒有或是很少思考的機會
內省智能	沒有對經驗或個人感受的思索
自然探索智能	與大自然沒有直接接觸

等孩子比較年長的時候，要仔細挑選能充實他們、讓他們思考、引起討論的電視節目。之後再花一點時間和他談論，提議他做一個和節目內容相關的活動，讓那段時光也能開拓他的心靈，充實他的內在，而不只是被動的看著電視那麼簡單而已。

結論

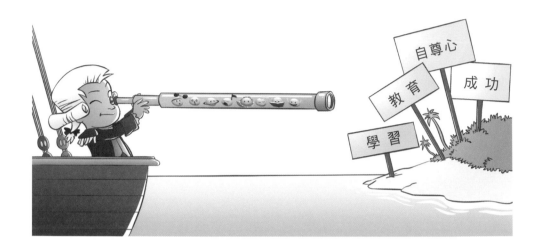

　　現在你知道什麼是多元智能理論，而且看待自己、親友，特別是觀察孩子的眼光，毫無疑問地都不一樣了。你或許也更加理解，為什麼孩子會有那些惹你生氣的行為：坐不住、老是在發呆、讓你一頭霧水的興趣、他寫功課的方式……

　　有了「多元智能眼鏡」，你更瞭解他跟你的期待，或是和其他孩子之間的差異。

　　也因為「多元智能眼鏡」，我們不再根據自己所受的教育、信仰，或基於其他因素所做的「設定」，去思考我們孩子的教育。透過「多元智能眼鏡」重新看待教育，永遠也不嫌遲。對每位父母來說，看著孩子成長，充分發展成快樂且平衡的大人，才是真正的滿足。

讓多元智能理論成為生命盟友的幾條途徑：

- 讓自己熟悉多元智能理論，瞭解每一種智能，還有各種智能之間如何相互作用。
- 在從事某一種活動，像是最喜愛的休閒活動、做家事，或是例行公事、工作等等的時候，想一想「多元智能」：你正在運用的是哪一種智能呢？

- 透過八種智能，比較你在工作、休閒、人際關係中，顯示了哪些偏好、才華、運作方式。這也會幫助你深入瞭解伴侶。
- 用適合孩子的詞彙，及早啟發他多元智能理論。
- 觀察孩子的智能花束，找出他偏好使用的智能，還有他發展得比較辛苦的那些智能。
- 讓孩子明白聰明有許多方法：「你是怎麼個聰明法？」
- 提醒孩子，他的智能在一生中都會進化，讓他注意到自己的智能花束。
- 把孩子的課外活動、學校課業、休閒、思考方式，和多元智能連結起來。
- 鼓勵孩子發展他與生俱來的才能，並且依靠它來發展那些比較不擅長的智能。
- 向孩子提議一些活動，並給他一個能促進所有智能發展的環境。

實際案例

- 多虧多元智能理論，我在年過四十的時候，
投入我十年前怎樣也想不到會做的活動：
我學到我們在一生中，都可以繼續開發全部的智能。

- 發現多元智能理論時，我才知道為什麼我的孩子們彼此那麼不一樣，
而且我可以分別為每個孩子鼓勵發展他的特長，表揚他們的差異。
我現在曉得他們的才華怎麼彼此互補的。

- 我用多元智能去觀察我的伴侶，終於明白他惹火我的原因出在哪裡。
在這之前，我怎麼也想不通，
為什麼對我那麼重要的事，他卻覺得是芝麻小事，
為什麼他聽我講話就要惱怒，
為什麼他跟我說他工作上的事情時，我總是左耳進、右耳出。
現在跟他解釋過多元智能理論以後，我們更理解彼此了！

參考資料

如果想進一步瞭解多元智能理論……

書籍

- **Gardner,** Howard. *Frames of Mind*. Basic Books, 1983.（繁體中文版《心智解構：發現你的天才》，時報出版，2007。）
- **Gordon,** Claire & Huggins-Cooper, Lynn. *Smarter Than You Think！*. Carroll & Brown, 2013.
- **Hourst,** Bruno. *A l'école des intelligences multiples*. Hachette Education, 2014.
- **Hourst,** Bruno. *J'aide mon enfant à mieux apprendre*. Eyrolles, 2014.
- **Hourst,** Bruno. *Au bon plaisir d'apprendre*. Editions du Mieux-Apprendre, 2015(4^e édition).
- **Lilienstein,** Jen. *101 Learning Activities to Stretch and Strengthen Your Child's Multiple Intelligences*. Frontsiders LCC, Etats-Unis, 2014.

網站

www.mieux-apprendre.com

關於作者

艾班妮・德・波荷佩（Albane de Beaurepaire）主修資訊管理，曾經擔任資訊工程師在企業工作超過十二年。

她向來對教育及教學充滿熱忱，首次接觸「效果更佳的學習法」*之後，她對學習方法的喜好更加明確，也為她的疑問帶來了許多解答。

經過研習上述的教育法，特別是接受多元智能理論的培訓之後，她深信每個孩子都能成功，帶著樂趣去學習，快樂上學，而每位成年人終其一生，都應該繼續帶著熱情學習。現在她是演講人及培訓講師，並為學校及企業提供高效的教育工具。

*「效果更佳的學習法」是一套互動式的教學法，尊重個人，並且有神經科學的研究根據。這套出自《速成學習》的方法，是布魯諾・伍斯特（Bruno Hourst）於一九九〇年代在法國發展出來的。這是一套開放教學法，跟許多世界聞名的工具都能配合，特別像是多元智能理論。

培養多元智能：用 8 種智能探索孩子的特質，讓他發揮天賦
Intelligences multiples : révéler les talents de son enfant

作　　者　艾班妮・德・波荷佩（Albane de Beaurepaire）
插　　畫　紀蘭姆（Jilème）
譯　　者　張喬玟
美術設計　呂德芬
編輯協力　吳佩芬
內頁構成　高巧怡
行銷企畫　林芳如
企畫統籌　駱漢琦
業務發行　邱紹溢
業務統籌　郭其彬
行銷統籌　何維民
責任編輯　張貝雯
副總編輯　何維民
總　編　輯　李亞南

發 行 人　蘇拾平
出　　版　地平線文化 漫遊者文化事業股份有限公司
地　　址　台北市松山區復興北路三三一號四樓
電　　話　（02）27152022
傳　　真　（02）27152021
讀者服務信箱　service@azothbooks.com
漫遊者臉書　www.facebook.com/azothbooks.read
劃撥帳號　50022001
戶　　名　漫遊者文化事業股份有限公司

發　　行　大雁文化事業股份有限公司
地　　址　台北市松山區復興北路三三三號十一樓之四
初版一刷　2019 年 9 月
定　　價　台幣 230 元
I S B N　978-986-96695-7-3
版權所有・翻印必究（Printed in Taiwan）

國家圖書館出版品預行編目資料

培養多元智能：用 8 種智能探索孩子的特質，讓
他發揮天賦 / 艾班妮．德．波荷佩 (Albane de
Beaurepaire) 作；張喬玟譯 . -- 初版 . -- 臺北市
: 地平線文化, 漫遊者文化出版 : 大雁文化發行,
2019.09
80 面；17×23 公分
譯　自：Intelligences multiples : révéler les
talents de son enfant
ISBN 978-986-96695-7-3(平裝)
1. 學習 2. 學習策略 3. 智慧
521.1　　　　　　　　　　　　108013616